DER PROPHET

Kindern erzählt

Khalil Gibran

DER PROPHET
Kindern erzählt

Herausgegeben von
Anna Peiretti

Illustriert von
Alessandro Sanna

Aus dem Italienischen von
Gabriele Stein

Patmos Verlag

VERLAGSGRUPPE PATMOS

PATMOS
ESCHBACH
GRÜNEWALD
THORBECKE
SCHWABEN
VER SACRUM

Die Verlagsgruppe
mit Sinn für das Leben

MIX
Papier aus verantwortungsvollen Quellen
FSC® C043106

Klimaneutral
Druckprodukt
ClimatePartner.com/14549-2003-1001

Die Verlagsgruppe Patmos ist sich ihrer Verantwortung gegenüber unserer Umwelt bewusst. Wir folgen dem Prinzip der Nachhaltigkeit und streben den Einklang von wirtschaftlicher Entwicklung, sozialer Sicherheit und Erhaltung unserer natürlichen Lebensgrundlagen an. Näheres zur Nachhaltigkeitsstrategie der Verlagsgruppe Patmos auf unserer Website www.verlagsgruppe-patmos.de/nachhaltig-gut-leben

Originaltitel:
Khalil Gibran: IL PROFETA raccontato ai bambini
A cura di Anna Peiretti · Illustrazioni: Alessandro Sanna

Edizioni Terra Santa – Milano

Verlagsgruppe Patmos in der Schwabenverlag AG, Ostfildern
www.verlagsgruppe-patmos.de

Umschlaggestaltung: Finken & Bumiller
nach einem Entwurf von Paola Lanza
Abbildungen: Alessandro Sanna
Satz: Schwabenverlag AG, Ostfildern
Druck: Grafisches Centrum Cuno GmbH & Co. KG, Calbe
Hergestellt in Deutschland
ISBN 978-3-8436-1403-0

Inhalt

Die Ankunft des Schiffs

Zwölf Jahre lang hatte Almustafa darauf gewartet,
dass sein Schiff zurückkam in die Stadt Orphalese,
um ihn abzuholen.
Er stand oben auf einem Hügel, als er es
durch den Nebel vom Meer her kommen sah.
Da gingen die Tore seines Herzens auf,
und seine Freude flog weit über die Wellen.
Er schloss die Augen und betete in der Stille,
die er in sich fand.
Doch als er den Hügel hinabstieg,
wurde er plötzlich traurig:
„Wie kann ich in Frieden fortgehen,
ohne Wehmut zu empfinden?“

Er spürte eine Wunde in seinem Herzen, als er an die Stadt dachte. Er dachte an sie wie an ein Gewand, das ihn in schweren Zeiten beschützt hatte und das er jetzt nicht wegwerfen wollte.

„Ich kann nicht länger hierbleiben.
Das Meer ruft mich, das alle Dinge an sich zieht;
ich muss an Bord gehen.
Wenn ich hierbliebe, wäre das so,
als würde ich mein Leben in der Zeit einfrieren.
Aber ich will fliegen wie der Adler:
der Sonne entgegen, einsam und ohne Nest.“

Als er am Fuß des Hügels angekommen war, blickte er wieder aufs Meer und sah das Schiff, das sich dem Hafen näherte; und am Bug sah er die Seeleute und Menschen aus seinem Heimatland.

Er rief ihnen die ehrlichsten Worte zu, die er hatte:

„Wie oft seid ihr in meinen Träumen
herangesegelt, und nun kommt ihr,
als mein neuer Tag erwacht. Ich bin bereit.
Meine Segel sind gesetzt und erwarten den Wind.
Einmal noch will ich diese stille Luft atmen,
ein letztes Mal mich umdrehen und
in Liebe zurückblicken.

Ich fühle mich wie ein Fluss, der frei und
in Frieden dahinströmt; nur eine Biegung noch,
nur noch durch diese eine Lichtung,
und dann komme ich zu dir, Meer: ein grenzen-
loser Tropfen in einem grenzenlosen Ozean.
Ein Seefahrer werde ich sein
auf dem unermesslichen Meer,
ein Seefahrer unter Seefahrern."

Und während er ging, sah er von ferne Männer und Frauen Felder und Weinberge verlassen und zu den Stadttoren eilen.
Er hörte, wie sie seinen Namen riefen und einander mit lauter Stimme von einem Feld zum anderen die Ankunft des Schiffs verkündeten.

Almustafa sagte zu sich:

„Laufen alle diese Menschen zu meiner Abreise zusammen? Was soll ich denen geben, die den Pflug auf dem Feld zurückgelassen und die Kelter angehalten haben? Wird mein Herz ein Baum voller Früchte werden, die ich pflücken und all diesen Leuten geben kann?

Ein Sucher der Stille bin ich und habe in der Stille viele Schätze gefunden, doch welche davon kann ich nun mit Zuversicht austeilen? Wenn wirklich dies der Tag ist, an dem ich meine Laterne hochhalte, dann wird nicht meine Flamme darin brennen.
Leer und dunkel werde ich meine Laterne emporheben, und der Wächter der Nacht wird sie mit Öl füllen und entzünden."

Das waren die Gedanken, die er aussprach. Viele andere Gedanken aber blieben in seinem Herzen verborgen, weil er für sein tiefstes Geheimnis keine Worte fand.

Als Almustafa die Stadt betrat, kamen ihm die Menschen entgegen, und alle gemeinsam erhoben sie ihre Stimme.

Die Ältesten der Stadt traten vor und sagten zu ihm:
„Geh nicht fort. Als unser Tag sich neigte, warst du wie der Mittag, du warst eine Sonne für uns.

Deine Jugend hat uns Träume gegeben, die wir träumen konnten. Lass nicht zu, dass unsere Augen nach deinem Gesicht hungern."

Und die Priester sagten zu ihm:
„Lass nicht zu, dass die Wellen des Meeres uns von dir trennen. Wir haben dich sehr geliebt, aber wir konnten es dir nicht mit Worten sagen. Das Wahrste und Tiefste fühlt die Liebe erst im Moment des Abschieds."

Und noch andere kamen, und sie alle drängten ihn, nicht abzureisen. Er gab keine Antwort.
Er senkte nur den Kopf; und wer nahe bei ihm stand, konnte sehen, wie Tränen auf seine Brust fielen.
Almustafa ging zum großen Platz vor dem Tempel, und all die Leute, die zusammengelaufen waren, gingen mit ihm.
Aus dem Heiligtum trat eine Frau, die Almitra hieß. Sie war eine Seherin. Sie sah ihn mit unendlicher Zärtlichkeit an, denn sie hatte ihn als Erste aufgesucht und an ihn geglaubt. Gerade einen Tag war er damals in der Stadt gewesen.

Almitra grüßte ihn und sagte:
„Prophet Gottes, stets hast du am Horizont
Ausschau gehalten und auf dein Schiff gewartet,
weil du immer suchst, was wahrhaft wichtig ist.
Jetzt ist dein Schiff gekommen und du musst gehen.
Unsere Liebe kann dich nicht festhalten.
Doch zuvor wollen wir dich bitten, dass du uns
etwas dalässt:
Sprich zu uns und schenke uns deine Wahrheit.
Und wir werden sie an unsere Kinder und diese
sie an ihre Kinder weitergeben, und so wird deine
Botschaft niemals sterben.
Einsam hast du über unsere Tage gewacht,
hast uns weinen und lachen hören. Nun hilf uns,
zu voller Blüte zu kommen, und sprich zu uns über
alles im Leben und alles zwischen Leben und Tod,
was dir gezeigt worden ist.“

Almustafa antwortete:

> „Leute von Orphalese,
> worüber könnte ich sprechen,
> wenn nicht über das,
> was sich in euren Herzen regt?“

Von der Liebe

Da bat Almitra: „Sag uns etwas über die Liebe."
Er hob den Kopf und sah auf die Menschen, und alle fühlten, wie ein großer Friede sie überkam.

Und Almustafa sprach mit lauter Stimme:

„Wenn die Liebe euch winkt,
dann folgt ihr,
auch wenn ihre Pfade steil
und beschwerlich sind.
Und wenn die Flügel der Liebe euch umhüllen,
dann lasst euch fallen
ohne Angst davor,
dass ihr verletzt werden könntet.
Und wenn sie zu euch spricht, dann glaubt ihr,
auch wenn ihre Stimme eure Träume
zerfetzen kann,
wie der Sturm einen Garten verwüstet.

Die Liebe ist bereit, euch erblühen zu lassen,
aber auch, euch zu beschneiden.
Sie steigt hinauf,
wo die Zweige in der Sonne zittern,
und streichelt sie.
Und sie steigt hinab,
wo die Wurzeln sich ins Erdreich krallen,
und schüttelt sie.
Der Liebe wird es gelingen,
all diese Wunder in euch zu vollbringen,
und so werdet ihr die Geheimnisse
eures Herzens kennenlernen
und am Leben teilhaben.

Wenn ihr Angst habt
und nur den Frieden und
die Freude der Liebe sucht,
dann haltet ihr euch besser heraus.
Wenn ihr liebt, solltet ihr nicht sagen:
‚Gott ist in meinem Herzen',
sondern: ‚Ich bin in Gottes Herzen.'
Denkt nicht, dass ihr die Liebe lenkt:
Die Liebe wird euch lenken,
wenn ihr würdig seid.

Wenn ihr wirklich liebt,
werden dies eure Sehnsüchte sein:
... ein fließender Bach zu werden,
der eine Melodie singt in der Nacht;
... bei Morgengrauen mit geflügeltem Herzen
die Augen zu öffnen
und Dank zu sagen für einen weiteren Tag
der Liebe;
... nach dem Mittag zu ruhen
und über die Wunder der Liebe nachzudenken;
... am Abend voller Dankbarkeit heimzukehren;
... und einzuschlafen:
im Herzen ein Gebet für die, die ihr liebt,
und auf den Lippen ein Loblied."

Von den Kindern

Und eine Frau, die ein Kind an ihre Brust gedrückt hielt, sprach: „Sag uns etwas über die Kinder."

Almustafa antwortete, als spräche er zu allen Müttern und allen Vätern der Welt:

„Eure Kinder sind nicht eure Kinder.
Sie sind die Söhne und Töchter all dessen,
was das Leben sich für sich selbst wünscht.
Sie werden *durch* euch geboren, ihr Mütter,
aber nicht *von* euch.
Sie bleiben bei euch,
aber sie gehören euch nicht.
Ihr könnt ihnen eure Liebe schenken,
aber nicht eure Gedanken,
denn die Kinder haben ihre eigenen,
einzigartigen, einmaligen Gedanken.

Ihr könnt ein Haus für sie sein:
für ihre Körper, aber nicht für ihre Seelen.
Denn die Seelen der Kinder wohnen in einem Haus,
das nicht jetzt da ist, sondern morgen,
und das ihr nicht besuchen könnt –
nicht einmal im Traum.
Ihr könnt euch bemühen, ihnen zu gleichen,
aber versucht nicht, sie euch ähnlich zu machen.
Das Leben geht niemals rückwärts
und verliert niemals Zeit mit dem,
was vergangen ist.

Ihr seid die Bögen und die Kinder sind die Pfeile,
die abgeschossen werden,
und diese Pfeile sind lebendig.
Der Schütze sieht die Zielscheibe
auf dem Pfad des Unendlichen,
er spannt den Bogen mit all seiner Kraft,
damit die Pfeile weit fliegen.
Ihr Mütter und Väter, fühlt die Freude,
euch von der Hand des Schützen spannen zu lassen;
er liebt den Pfeil, der fortfliegt, und ebenso
liebt er den Bogen, der an seinem Ort bleibt."

Vom Essen und Trinken

Dann bat ein alter Mann, der ein Gasthaus hatte:
„Sag uns etwas über Essen und Trinken."

Und Almustafa ergriff das Wort:
„Ich würde mir wünschen,
dass ihr vom Duft der Erde leben
und euch von Licht ernähren könntet
wie die Pflanze,
die in den Himmel wächst.
Doch ihr müsst töten, um zu essen,
und dem Kalb die Muttermilch nehmen,
um euren Durst zu stillen;
tut dies im Angesicht Gottes
zumindest mit einer Geste der Liebe.

Wenn ihr ein Tier tötet,
dann sagt in eurem Herzen zu ihm:
‚Die Gewalt, die dich niederstreckt,
könnte auch mich töten;
auch mein Leben wird verzehrt werden.
Für uns gilt dasselbe Gesetz:
Auch mich packen Hände,
die stärker sind als meine.‘
Und wenn ihr in einen Apfel beißt,
dann sagt in eurem Herzen zu ihm:
‚Deine Kerne werden in meinem Körper leben,
und deine Zukunft wird
in meinem Herzen sprießen.
Dein Duft wird mein Atem sein,
und wir werden uns miteinander
am Lauf der Jahreszeiten freuen.‘
Und wenn ihr im Herbst in den Weinbergen
die Trauben für die Kelter lest,
dann sollt ihr in eurem Herzen sagen:
‚Auch ich werde ein Weinberg sein,
auch meine Frucht wird
für die Kelter gelesen werden.

Und wie der neue Wein werde auch ich
in den Fässern bewahrt werden für immer.‘
Und wenn ihr dann im Winter den Wein trinkt,
gebt Acht, dass ihr für jedes Glas
als Begleitung ein Lied habt;
und ihr werdet fühlen,
dass jedes Lied die Erinnerung birgt
an die Tage des Herbstes, an den Weinberg
und an die Kelter.“

Von der Arbeit

Dann sprach ein Bauer:
„Sag uns etwas über die Arbeit."

Almustafa antwortete ihm und
jedem arbeitenden Menschen auf der Welt:

„Ihr arbeitet, um dem Rhythmus und
der Seele der Erde zu folgen.
Wer sein Leben in Müßiggang verbringt,
wird den wechselnden Jahreszeiten fremd,
hält sich heraus aus dem Lauf des Lebens,
das demütig und königlich wie ein Fluss
zum Unendlichen hinströmt.
Wenn ihr arbeitet, seid ihr wie eine Flöte,
die mit ihren Tönen das Wispern der Zeit
in Musik verwandelt.
Wer von euch wäre wohl gerne
ein stilles und stummes Rohr,
während all die anderen wie
mit einer Stimme singen?

Es heißt oft, die Arbeit sei Fluch
und die Mühsal ein Unglück.
Ich aber sage euch: Wenn ihr arbeitet,
lasst ihr einen Teil des tiefsten Traums
der Erde wahr werden,
und dieser Traum ist von Anfang an
auch euer Traum.
Eure Mühsal erhält euch am Leben,
und so liebt ihr
– in Wirklichkeit – das Leben selbst.
Und das Leben durch die Mühsal zu lieben heißt,
sein Geheimnis zu umarmen und
eins mit ihm zu werden.

Man sagt, das Leben sei finster
und eure Müdigkeit ein Echo
all der müden Menschenstimmen.
Ich aber sage euch: Das Leben ist
– in Wirklichkeit – nur dann dunkel,
wenn Begeisterung fehlt;
und jede Begeisterung ist blind,
wenn Wissen fehlt;
und jedes Wissen ist unnütz, wenn Fleiß fehlt;

und jeder Fleiß ist leer, wenn Liebe fehlt.
Wenn ihr aber mit Liebe arbeitet,
dann umarmt ihr euch selbst und die anderen
und Gott.

Was heißt das, mit Liebe zu arbeiten?
Es heißt, aus den Fäden eures Herzens
ein Gewand zu weben,
so, als sollte euer Geliebter es tragen.
Es heißt, ein Haus zu bauen
und dabei mit allergrößter Sorgfalt
auf jede Einzelheit zu achten,
so, als sollte eure Geliebte darin wohnen.
Es heißt, mit Zärtlichkeit zu säen
und mit Freude zu ernten und euch vorzustellen,
dass der Mensch, den ihr liebt,
von diesen Früchten kosten wird.
Es heißt, allem, was ihr mit euren Händen formt,
den Atem eures Herzens einzuhauchen.
Arbeit ist Liebe, die sichtbar gemacht wird.“

Von der Freude und vom Kummer

Dann brachte eine Frau ihren Wunsch zum Ausdruck:
„Sag uns etwas über Freude und Kummer."

Almustafa nahm die Einladung an und antwortete:

„Eure Freude ist euer Schmerz,
der seine Maske abgenommen hat.
Derselbe Brunnen, aus dem euer Lachen quillt,
war schon oft mit euren Tränen gefüllt;
anders kann es gar nicht sein.
Je tiefer die Grube ist,
die der Schmerz in euch gräbt,
desto größer ist die Freude,
die euch erfüllen wird.
Die Flöte, die euch jetzt
mit ihrer Musik streichelt,
ist von euren Messern geschnitzt worden.

Wenn ihr froh seid, dann schaut tief hinein
in den Brunnen eures Herzens, und ihr werdet
sehen, dass das, was euch Kummer gemacht hat,
euch jetzt Freude schenkt.
Schaut auch in euer Herz,
wenn ihr traurig seid, und ihr werdet sehen,
dass ihr weint aus demselben Grund,
der euch glücklich gemacht hat.

Einer sagt: ‚Die Freude ist größer
als der Kummer', doch ein anderer sagt:
‚Nein, der Kummer ist größer.'
Hört mich an.
Ich sage euch, dass sie untrennbar sind.
Sie kommen immer gemeinsam,
und während das eine mit euch zu Tisch sitzt,
schläft das andere in eurem Bett.
Ihr seid wie die Schalen der Waage:
Sie schwingen auf und ab
zwischen Kummer und Freude;
im Gleichgewicht sind sie nur,
wenn sie leer sind.
Dann stehen sie still."

Von der Freiheit

Ein Mann, der gerne Reden hielt, sprach:
„Sag uns etwas über die Freiheit.“

Da gab Almustafa zur Antwort:
„Ich habe gesehen,
wie ihr euch vor der Freiheit verneigt habt
wie Sklaven vor ihrem Herrn.
Für die Freiheit würdet ihr sogar
ins Gefängnis gehen!
Mir blutete das Herz;
wahrhaft frei werdet ihr nur sein,
solange ihr spürt,
dass ihr euch nach Freiheit sehnt,
und wenn ihr aufhört,
sie als Ziel zu betrachten.
Frei werdet ihr nicht sein,
wenn ihr am Tag keine Sorgen und
in der Nacht keine schlimmen Träume habt.

Sondern frei werdet ihr sein,
wenn Nöte und Ängste im Leben
euch einschnüren wie ein Strick um den Leib,
aber ihr sie abstreift
und euch nackt über sie erhebt.
Wenn ihr euch von einer Angst befreien wollt,
dann denkt daran,
dass die Angst in eurem Herzen ist
und nicht in der Hand dessen,
der euch Furcht einflößt.

In eurem Innern dreht sich alles
in einer Umarmung, die niemals endet:
das, was ihr ersehnt, und das, was ihr vermeidet;
das, was euch anzieht, und das, was euch abstößt.
Licht und Schatten sind ein Paar,
sie tanzen immer zusammen.
Wenn der Schatten verblasst und verschwindet,
wird das Licht zum Schatten eines anderen
Lichts.
So ist es auch mit eurer Freiheit.
Sobald sie ihre Fesseln verliert, wird sie selbst
zur Fessel einer größeren Freiheit."

Von der Selbsterkenntnis

Dann wurde Almustafa von einem Mann gefragt:
„Sagst du uns etwas über die Selbsterkenntnis?"

Dies war seine Antwort:
„Eure Herzen wissen im Stillen
um die Geheimnisse der Tage und der Nächte.
Doch eure Ohren sehnen sich nach dem Klang
der Dinge, die das Herz weiß.
Ihr möchtet – mit Worten – hören,
was ihr in Gedanken schon immer gewusst habt.
Ihr möchtet eure Träume
mit den Fingern berühren:
Dann wären sie wirklich.
Und das ist gut so. Es ist richtig.
Eure Seele ist eine verborgene Quelle,
die ans Licht kommen und murmelnd
zum Meer fließen muss:

Dann wird der Schatz,
der tief in euch verborgen ist,
vor euren Augen liegen.
Doch ihr könnt keine Waagen benutzen,
um diesen unbekannten Schatz zu wiegen;
ihr könnt die Tiefe all dessen, was ihr erkennt,
nicht mit dem Senkblei messen
oder mit einer Stange.
Denn all das, was in euch ist,
ist ein grenzenloses Meer.

Sagt nicht: ‚Ich habe die Wahrheit gefunden',
sondern sagt lieber:
‚Ich habe *eine* Wahrheit gefunden.'
Sagt nicht:
‚Ich habe den Pfad der Seele gefunden.'
Sagt lieber: ‚Ich bin der Seele begegnet,
als sie auf meinem Pfad unterwegs war.'
Denn die Seele ist auf den Pfaden aller
unterwegs.
Die Seele geht nicht einfach geradeaus wie
eine Linie. Sie öffnet sich wie eine Lotosblume
mit unzähligen Blütenblättern."

Von der Freundschaft

Dann näherte sich ein Junge und bat:
„Sag uns etwas über Freundschaft."

Almustafa antwortete sanft:
„Eure Freundinnen und Freunde sind
die Antwort auf alles, was ihr braucht.
Sie sind das Feld, das ihr mit Liebe einsät
und mit noch größerer Dankbarkeit aberntet.
Sie sind euer Tisch und euer Herd.
Wenn ihr Hunger habt, geht ihr zu ihnen;
sie sucht ihr auf, um Frieden zu finden.
Wenn Freunde euch offenlegen, was sie denken,
sollt ihr ihnen weder euer ‚Nein'
noch euer ‚Ja' vorenthalten.
Auch wenn sie schweigen,
lauscht euer Herz stets auf das,
was ihr Herz sagt.

Freundinnen und Freunde teilen alles –
Gedanken, Sehnsüchte, Freuden –
und brauchen dazu keine Worte;
sie brauchen nicht allzu viel Lärm,
um miteinander froh zu sein.

Wenn ihr von euren Freunden Abschied nehmt,
seid nicht traurig,
denn das, was ihr an ihnen am liebsten habt,
wird, auch wenn sie fort sind,
deutlich zu sehen sein:
so, wie Bergsteiger den Gipfel
nur von der Ebene aus deutlich erkennen.

Der beste Teil von euch ist
für die Freundin und den Freund.
Sie werden jede Welle eures Meeres kennen,
Flut und Ebbe.
Freundschaft ist süß;
Spiel und Lachen mischen sich in ihr.
Es sind die kleinen Dinge,
die das Herz erfrischen wie Morgentau."

Vom Guten und vom Bösen

Einer der Ältesten der Stadt bat Almustafa:
„Sag uns etwas über Gut und Böse."

Er antwortete:
„Ich kann vom Guten sprechen, das in euch ist,
aber nicht vom Bösen.
Ein ausgehungerter Mensch würde sogar
in einer finsteren und gefährlichen Höhle
nach Nahrung suchen:
Weil der Hunger ihn quält,
erscheint ihm Schlechtes als etwas Gutes.

Ihr seid gut, wenn Harmonie in euch ist.
Doch erschreckt nicht,
wenn ihr diese Harmonie nicht spürt;
ein Haus kann zerstritten sein,
doch das macht es nicht zu einer Räuberhöhle.

Ein Schiff ohne Ruder kann ziellos
zwischen gefährlichen Inseln treiben,
doch muss es deshalb
keinen Schiffbruch erleiden.

Ihr seid gut, wenn ihr euch bemüht,
etwas von euch selbst zu geben,
aber wenn ihr versucht, etwas zu bekommen,
seid ihr deshalb nicht böse;
dann seid ihr wie eine Wurzel,
die sich im Erdboden festklammert
und daran saugt.
Die Frucht kann nicht zur Wurzel sagen:
‚Sei doch wie ich: reif und voll und
immer sehr großzügig',
denn die Frucht hat das Bedürfnis, zu geben,
die Wurzel aber hat das Bedürfnis,
zu empfangen.

Ihr seid gut, wenn ihr sprecht und
dabei hellwach seid, aber ihr seid nicht böse,
wenn eure Zunge im Schlaf sinnlos daherredet.

Ihr seid gut, wenn ihr mit festem,
entschlossenem Schritt auf euer Ziel zugeht,
aber ihr seid nicht böse,
wenn ihr humpelnd ankommt.
Wer humpelt, geht darum noch nicht rückwärts.

Es gibt unzählige Arten, gut zu sein,
aber wenn es euch auf keine dieser Arten
gelingen will,
seid ihr deshalb nicht böse.
Ihr seid nur faul und gleichgültig.
Leider kann ein Hirsch einer Schildkröte
keine Schnelligkeit beibringen.

Ihr seid gut, wenn ihr euch danach sehnt,
der Riese zu sein, der in euch steckt,
das Beste, was ihr sein könnt;
diese Sehnsucht ist in jeder und jedem von euch.
Seid wie die,
die das Brausen des Wildbachs hören,
der zum Meer fließt und
die Musik der Wälder mit sich trägt.“

Vom Beten

Dann bat eine Priesterin: „Sag uns etwas über das Beten."

Und er antwortete, indem er sagte:

„Ihr betet, wenn ihr in Schwierigkeiten seid
oder in Not;
ich würde mir wünschen, dass ihr auch
in der vollkommenen Freude betet und
in den Tagen des Überflusses.
Denn was ist Beten anderes,
als euren Atem weit werden zu lassen
und eins mit dem Atem der Welt?
Wenn die Seele euch zum Gebet ruft
und ihr nicht aufhören könnt zu weinen,
spürt ihr dennoch, dass sie euch antreibt,
weiter und immer weiter,
bis aus den Tränen ein Lächeln erblüht.

Wenn ihr betet, schwebt ihr empor,
und wie in einer einzigen Umarmung
begegnet ihr allen, die gleichzeitig mit
euch beten und denen ihr nur im Gebet
begegnen könnt.

Wer nur in den Tempel geht,
weil er um etwas bitten will, bekommt nichts;
und wer in den Tempel geht,
weil er sich erniedrigen will,
ist kein besserer Mensch,
wenn er wieder herauskommt.
Wenn ihr beten wollt,
müsst ihr nur in den Tempel gehen,
der unsichtbar in eurem Innern liegt.

Ich kann euch die Worte nicht lehren,
mit denen ihr beten sollt.
Auch das Gebet der Berge,
der Meere und der Wälder
kann ich euch nicht lehren.

Ihr aber seid von den Wäldern,
den Bergen und den Meeren geboren worden
und könnt ihre Gebete in euren Herzen hören.

Schweigt still in der Ruhe der Nacht,
und es werden euch Worte kommen wie diese:
‚Unser Gott, du bist unser Flügel,
lass deinen Willen in uns geschehen.
Die Sehnsucht in uns ist deine Sehnsucht.
Du lebst in uns,
um unsere Nächte, die deine Nächte sind,
in neue Tage zu verwandeln, die dir gehören.
Wir können dich um nichts bitten,
denn du weißt, was wir brauchen,
noch bevor wir das Bedürfnis verspüren:
Gott, du schenkst uns alles.‘“

Von der Schönheit

Ein Dichter bat: „Sag uns etwas über die Schönheit."

Almustafa antwortete:
„Wo wollt ihr nach der Schönheit suchen und
wo meint ihr sie zu finden, wenn nicht sie selbst
euch führt?
Wie könnt ihr über sie sprechen,
wenn nicht die Schönheit selbst
euch die Worte aneinanderknüpft?
Alle haben etwas über die Schönheit zu sagen ...
Wer traurig ist, murmelt, dass die Schönheit
in all ihrer Pracht freundlich ist und scheu.
Die Leidenschaftlichen sagen:
‚Nein, sie ist machtvoll und furchtbar;
sie ist wie ein Sturm,
sie lässt die Erde unter uns
und den Himmel über uns beben.'
Wer müde ist, nennt die Schönheit ein Flüstern,
ein schwaches Licht.

Die Rastlosen erzählen,
sie hätten in den Bergen ihren Ruf gehört.
Wer im Winter eingeschneit ist, sagt:
‚Im Frühling wird die Schönheit kommen
und von Hügel zu Hügel springen.'
Und in der Hitze des Sommers sagen die Bauern
bei der Feldarbeit: ‚Wir haben sie
mit den Herbstblättern tanzen sehen,
und sie hatte eine Handvoll Schnee im Haar.'
Sie alle sprechen nicht wirklich
von der Schönheit, sondern nur von dem,
was sie brauchen und nicht haben.

Die Schönheit ist kein durstiger Mund,
keine offene, leere Hand:
Sie ist ein entflammtes Herz
und eine in Zauber gehüllte Seele.
Die Schönheit ist ein Garten, der immer blüht,
und eine Engelschar, die immer fliegt,
ohne je innezuhalten.
Die Schönheit ist die Ewigkeit,
die sich im Spiegel sieht.
Ihr seid die Ewigkeit,
und ihr seid auch der Spiegel."

Vom Tod

Da sprach Almitra und sagte: „Jetzt würden wir
von dir gerne etwas über den Tod erfahren."

Und er sagte zu jedem Mann und jeder Frau,
die über den Tod nachdenken:

„Ihr wollt das Geheimnis des Todes kennenlernen;
doch wie wollt ihr es entdecken,
wenn ihr es nicht mitten im Leben sucht?
Die Eule mit ihren Nachtaugen – die bei Tag
nichts sehen – kann das Geheimnis des Lichts
nicht entschleiern.
Wenn ihr wirklich den Geist des Todes
betrachten wollt,
müsst ihr euer Herz weit für das Leben öffnen.
Denn das Leben und der Tod sind eins,
wie der Fluss und das Meer eins sind.

In jeder Hoffnung und in jeder Sehnsucht spürt
man die Wahrheit dessen, was dahinter liegt;
die Samen träumen unter dem Schnee,
euer Herz träumt vom Frühling.
Vertraut euren Träumen, denn in ihnen
ist das Tor zur Ewigkeit verborgen.

Die Angst vor dem Tod ist wie die Angst des Hirten: Er zittert vor dem König, der ihm die Hand auflegen will, um ihn zu ehren. Er freut sich, weil er für diese Ehre auserwählt worden ist, und dennoch erdrückt ihn die Angst.

Was ist Sterben anderes, als alles loszulassen,
mit dem Wind zu fliegen
und in der Sonne zu schmelzen?
Nur wenn ihr das Wasser des Flusses der Stille
trinkt, werdet ihr wirklich singen.
Und wenn ihr den Gipfel des Berges erreicht
habt, werdet ihr den Aufstieg beginnen.
Und wenn die Erde euren Körper aufnimmt,
dann werdet ihr wirklich tanzen.“

Der Abschied

„Dieser Tag ist gesegnet:
Ich habe gesprochen,
aber ich habe auch zugehört.
Jetzt befiehlt mir der Wind,
die Stadt zu verlassen.
Ich weiß, dass der Morgen uns nie dort findet,
wo der Abend uns verabschiedet hat.
Ich bin wie der Samen einer zähen Pflanze,
der sich, sobald er reif ist,
vom Wind erfassen und weit forttragen lässt.
Lebt wohl, ihr Leute.
Dieser Tag ist zu Ende,
aber ich werde weiter bei euch sein.
Jetzt ist der Augenblick des Abschieds
gekommen."

Almustafa gab den Seeleuten ein Zeichen.
Sie lichteten sogleich den Anker,
machten die Leinen los und legten ab,
um nach Osten zu segeln.

Aus der Menge erhob sich ein Lied,
und alle sangen mit einer einzigen Stimme.

Nur Almitra schwieg und sah dem Schiff hinterher,
bis es im Nebel verschwunden war.
Und als alle auf ihre Felder zurückgekehrt waren,
stand sie noch immer dort auf der Hafenmauer.
Sie erinnerte sich in ihrem Herzen an alle Worte
des Propheten Gottes, und sie spürte,
dass ihr Leben ihr neu geschenkt werden würde.